PRZYGODY
FENKA
Ogień
ŻYWIOŁY
AF353153

STRAŻ
STRAŻ
STRAŻ

Wczoraj w Słonecznej Krainie zdarzyło się coś naprawdę strasznego! W domu niedźwiadka Leona, z którym Fenek chodzi do przedszkola, wybuchł pożar. Czarny gęsty dym widać było nawet z ogródka naszego bohatera.

Niedźwiadkowi i jego rodzicom na szczęście nic się nie stało, bo zdążyli w porę opuścić dom, ale płomienie zniszczyły sporo ich rzeczy.

Strażacy gasili pożar bardzo długo, a całej akcji przyglądało się wielu mieszkańców Słonecznej Krainy.

Ilu strażaków widzisz na ilustracji?

– Całe szczęście, że rodzina niedźwiadków
jest cała i zdrowa! – mama Fenka mówi
do taty podczas śniadania.

– I dobrze, że będą mogli na jakiś czas
zamieszkać u dziadków – dodaje tata.

Wszyscy bardzo zmartwili się pożarem
i starają się pomóc niedźwiadkom, jak
mogą najlepiej.

Fenek przysłuchuje się rozmowie rodziców.
Zawsze podobały mu się zapalone świece
i uwielbia jeść kiełbaski z ogniska… Ale
tym razem myśli o ogniu zupełnie inaczej…
Chyba już wcale go nie lubi…

Kiedy wieczorem mama jak zwykle zapala świece zapachowe, chłopiec od razu je zdmuchuje. Nie chce również wyjść do ogrodu i zjeść kolacji, którą rodzice przygotowali na ognisku.

– Synku, czy coś się stało? – pytają rodzice. – Nie jesteś głodny? Przecież słyszymy, że burczy ci w brzuszku!

– Wolę zjeść kanapkę – Fenek odpowiada pochmurnie. Nie chce mieć nic wspólnego z ogniem, który narobił tyle szkód w domu jego przyjaciela.

Co znajduje się na stoliku?

Tata postanawia porozmawiać z synkiem. Przynosi duży koc, rozkłada go na trawie i zaprasza Fenka, który niechętnie człapie w jego stronę.

– Synku, widzę, że coś cię martwi. Czy chciałbyś o tym porozmawiać? – pyta.

Chłopiec początkowo milczy, ale już po chwili bardzo zdenerwowany wykrzykuje:

– Nie lubię ognia! Jest zły i się go boję! Ogień zniszczył dom niedźwiadka i jego zabawki, a nawet rower!

Tata ze zrozumieniem kiwa głową.

Czego nie lubi Fenek?

– Kochanie, rozumiem, dlaczego jesteś zdenerwowany i dlaczego teraz boisz się ognia – mówi spokojnie tata. – Nie mogę się jednak zgodzić z tobą co do tego, że ogień jest zły. Choć, jak sam miałeś okazję się przekonać, może być bardzo niebezpieczny.

– No właśnie! – krzyczy Fenek. – I wszystko niszczy!

Tata bierze chłopca za rękę i prowadzi go w stronę domu.

– Chciałbym ci coś pokazać – mówi tajemniczo.

Po wejściu do jadalni tata prosi Fenka, by usiadł przy stole, a sam zaczyna układać na nim różne przedmioty: widelec, nóż, łyżkę, małe lusterko, szklany wazon, miseczkę, kieliszki, monety… Fenek przygląda się im z zainteresowaniem.

„Dlaczego tata je tutaj przynosi?" – zastanawia się.

– Czy widzisz te wszystkie rzeczy? – pyta nagle tata, a chłopiec kiwa głową. – Wyobraź sobie, że żaden z nich nie mógłby powstać, jeśli na świecie nie byłoby ognia – tłumaczy.

Fenek robi duże oczy ze zdziwienia.

Co znajduje się nad głową taty Fenka?

– Nie byłoby również szyb w oknach
ani cegieł na budowę naszego domu.
W zimie nie moglibyśmy ogrzać się przy
kominku i byłoby nam bardzo zimno – mówi
poważnie. – A o twojej ulubionej zupie
pomidorowej mógłbyś tylko pomarzyć.

Fenek uważnie słucha słów taty. Nigdy
nie zastanawiał się nad tym, do jak wielu
rzeczy przydaje się ogień. Kolejno dotyka
wszystkich przedmiotów leżących na stole,
a na samo wspomnienie zupy pomidorowej
cieknie mu ślinka.

– Tatusiu, czy to znaczy, że ogień jest i dobry, i zły? – pyta w końcu chłopiec.

– Powiedziałbym raczej, że jest nam potrzebny do wielu rzeczy, ale może być także bardzo niebezpieczny – wyjaśnia tata. – Dlatego trzeba obchodzić się z nim naprawdę ostrożnie. Nigdy nie wolno bawić się zapałkami i zostawiać zapalonych świec, kiedy wychodzimy z domu – podkreśla. – Dzieci powinny korzystać z ognia tylko w obecności rodziców lub innych dorosłych.

Fenek przytula się do taty. Każdego dnia dowiaduje się od niego czegoś nowego.

– Wiesz, tatusiu – mówi – po prostu jest mi bardzo przykro, że w domu niedźwiadka Leona wybuchł pożar.

– Wiem, synku, wszystkim nam jest smutno z tego powodu – przyznaje tata. – Ale najważniejsze, że Leonkowi, jego rodzicom i bratu nic się nie stało. Jeśli chcesz, możemy się zastanowić, jak im pomóc – tata wpada na pomysł, a na buzi Fenka wreszcie pojawia się uśmiech.

Jakiego koloru są włosy mamy Leonka?

Ciekawe sposoby spędzania czasu z dzieckiem

Tak jak tata Fenka, przygotuj różne przedmioty, do których wytwarzania wykorzystuje się ogień, i pokaż je dziecku. W internecie możecie znaleźć wiele ciekawych materiałów filmowych pokazujących proces ich powstawania. Zapalcie kilka świec i wspólnie wykonajcie ćwiczenia oddechowe: próbujcie dmuchać mocno, tak aby płomień od razu zgasł, a potem delikatnie, tak aby się poruszał, ale cały czas pozostawał zapalony.

Dzięki tej książeczce Twoje dziecko:

– dowie się, co to jest pożar i co może go wywołać;

– przekona się, że ogień jest człowiekowi bardzo potrzebny;

– pozna przedmioty, które są wytwarzane przy udziale ognia;

– dowie się, że ognia nie trzeba się bać, ale należy zachować dużą ostrożność.

Znajdź płomień bez pary.

Poznawaj rosnący świat książe
serii "Przygody Fenka

Ciesz się najnowszymi i nadchodzącym
przygodami i mnóstwem bezpłatnych zasobów

Czy masz już którąś z tych niesamowitych przygód?

POLECANE PRZEZ PEDAGOGÓW I PSYCHOLOGÓW

OSOBOWOŚĆ

Prosze
Przepraszam
Dziękuję
Pozdrowienia

Cierpliwość
Odpowiedzialność
Odwaga
Szacunek

Prawdomówność
Asertywność
Bezinteresowność
Kreatywność

Uczciwość
Planowanie
Punktualność
Spostrzegawczość

Wytrwałość
Samodzielność
Empatia
Lenistwo

Jesteśmy sobie potrzebni
Kłopoty ze słowami
Moje okulary
Nowy kolega

EMOCJE

Złość
Strach
Zazdrość
Wdzięczność

Wzruszenie
Ufność
Wyrzuty sumienia
Tęsknota

Duma
Nieśmiałość
Przyjaźń
Miłość

Samotność
Skarżenie
Skarżenie
Samoocena

Śmierć w rodzinie
Adopcja
To moje ciało
Rozstanie rodziców

BEZPIECZEŃSTWO I ŚRODOWISKO

CIAŁO I ZDROWIE

Co nowego?

sprawdź na www.fenek.com

DOBRE ZACHOWANIE

MIEJSCA I WYDARZENIA

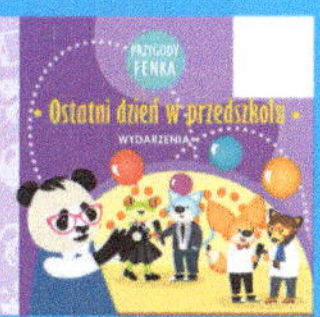

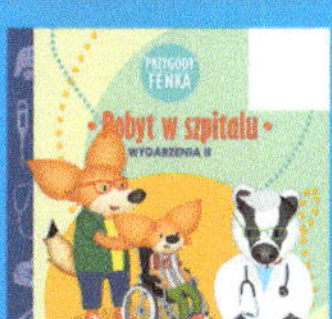

www.ingramcontent.com/pod-product-compliance
Lightning Source LLC
LaVergne TN
LVHW071707180726
843512LV00002B/580